Leben und Turnen, Turnen und Leben.

Ein Versuch

durch höhere Veranlassung

vom

Professor Dr. v. Könen,

Ober-Medicinal- und Regierungs-Rath ꝛc.

Berlin, 1817.

in der Realschulbuchhandlung.

Nachdem die Turnübungen hier seit mehrern Jahren mit regem Eifer und ausgebreiteter Theilnahme getrieben waren, erhoben sich mehrere Stimmen, die das Ganze verunglimpfen wollten und nicht zufrieden, sie als unnütz darzustellen, behaupteten sie, daß dieselben der Gesundheit schädlich und verderblich wären, ja sie riefen die polizeiliche Gewalt zur Hülfe, um diesem verderblichen Wesen zu steuern. Eine Regierung, die so mannichfaltig dargethan hatte, wie sie diese Turnübungen als Zweig der Staatserziehung angesehn hatte, konnte dies nicht ohne Berücksichtigung lassen, und so wurde mir der Auftrag zu prüfen, ob die hiesigen Turnübungen auf dem Turnplatz und in dem Turnsaal dergleichen Uebertreibungen veranlaßten, als in öffentlichen Volksschriften gesagt und verdammenswerth angeklagt wurden. Mein amtlicher Bericht konnte dieses Schädliche nach meiner sorgfältig und wiederholt angestellten Prüfung nicht darthun, und so wurde mir von Einem Hohen Ministerium des Innern der Auftrag, diese meine Ueberzeugung auch öffentlich auszusprechen, denn wenn die Höchste Staatsbehörde das Turnen zur Staatserziehung erhoben hatte, so konnte es ferner nicht gleichgültig seyn, ob die Staatsbürger auch in dieser Beziehung sich vertrauensvoll dem Staat hingeben konnten. Auf solche Art sind diese wenigen Blätter entstanden, und ich muß dahin gestellt seyn lassen, ob ich dem mir gegebnen ehrenvollen Auftrag genüge: wenn ich den medizinisch-polizeylichen Zweck vorzüglich vor Augen habe, so bin ich überzeugt, daß ich keinem Arzt etwas neues sage, ja es ist möglich daß ich mich irren kann, und dann bietet sich wenigstens für geschicktere Aerzte eine Gelegenheit dar, mir meinen Irrthum zu zeigen, und ich werde es gewiß dankbar anerkennen. Der Gegenstand ist wichtig, um von allen Seiten geprüft zu werden, das Publikum kann dies erwarten und das, was ich sage, bleibt nur die Meinung und das Urtheil des Einzelnen. Daß ich meine offizielle Eingabe hier umgeändert habe, bedarf wohl keiner weitern Erwähnung. Eben so wenig nenne ich irgend einen Namen, denn ich will keine Streitschrift gegen irgend jemand abfassen, mich interessirt nur die Sache, um Personen bekümmre ich mich nicht, man kann ja einen Mann sehr achten, und doch über viele Gegenstände eine entgegengesetzte Meinung haben, so wie umgekehrt gleiche Meinung nicht immer eine Anerkennung des Werths in sich begreift. Daher kann ich nur meine Ueberzeugung sagen, aber diese auch ohne Scheu, wer es besser weiß, belehre mich; ich halte es mit Salomo, Kap. 12, V. 1.: „Wer sich gern lässet strafen, der wird klug werden, wer aber ungestraft seyn will, der bleibet ein Narr.“

Was giebts Neues? hört man täglich, so oft Bekannte und Unbekannte sich ansprechen, und wenn man dies immertönende Feldgeschrei hört, so sollte man glauben, daß die Menschen nur immer dem Neuen entgegen lebten, aber man wird doch irre, wenn sie bei jeder Aenderung wieder lebhafte Vertheidiger des alten Herkommens sind; sie wollen es zwar gerne los seyn, aber wenn der Moment da ist, kehrt die träge Gewohnheit wieder zurück.

So ist es mit dem Turnen ebenfalls gegangen, wie oft und wie unzählig haben vorzüglich Schullehrer, wenn sie aus alten Schriftstellern Stellen, welche die Gymnastik der Alten betrafen, übersetzen liessen, es bedauert, daß diese in der neuern Zeit nicht vorhanden wäre; die Gymnastik erscheint als Turnübung, und die freie Atmosphäre soll wieder im Schulstaube verunreinigt werden, ihre Jugendzeit und die Wünsche ihres Jugendlebens sind verschwunden, grämlich sehn sie ein neues Beginnen an. Diese Meinung theilt sich mit und pflanzt sich fort, aber ohne Wurzel zu fassen, daher nun Animosität und Meinungen werden bitter gesagt, Urtheile werden hämische Verläumdungen. Man muß dies immer tadeln, aber um so tadelnswürdiger ist dies, wenn es eine Angelegenheit betrifft, deren Einfluß auf öffentliches Wohl nicht gleichgültig ist, und wo vorzüglich eine lebendige, jedem Eindruck offene Jugendwelt der Gegenstand des Streits wird.

Das Erziehungswesen hat seit mehreren Jahren bedeutende Veränderungen erlitten, man erkannte, daß eine geschäftigere und dem Alter der Jugend angemeßnere Lebensart eingeführt werden mußte, man sah ein, daß die weichliche Verzärtelung des Körpers in Verbindung mit der Genußgier des Lebens alle die Abarten im physischen und geistigen erzeugte, die dem Bedürfniß der Gegenwart fremde nur die schmachvolle Zeit herbeigeführt hatte, deren Andenken uns in der bittersten Erfahrung noch gegenwärtig ist, wenn gleich das herrliche Erwachen zu einem neuen Leben uns wieder ermuthigte, aber für die Zukunft darf die Vergangenheit nicht ungenützt vorüber gegangen seyn. So lange im Volk die Kraft ist, so lange ist Dauer und Herrlichkeit desselben, aber wenn der Nordländer die Ueppigkeiten der südlichen Sklaven sich aneignet, so ist die Erschlaffung, die krankhaft erhöhte Reizbarkeit und Abspannung nicht fern. Hier ist keine Erklärung, keine theoretische Auseinandersetzung nöthig, die Geschichte spricht laut in zahllosen Beispielen zu uns. In der Kraft des Körpers suchte Lykurg den Grund, um seinen Landsleuten Vorzug und Ruhm zu sichern, Rom beschäftigte seine Jugend in seiner schönen Zeit mit Ringen, Wettlauf und Kampf, aber es lernte die Weichlichkeiten der Ueberwundenen kennen und geniessen, und wurde durch den Deutschen besiegt, der nur dem Jagen und den Uebungen des Kriegs seine Zeit widmete, dem Arbeit und Abhärtung des Körpers das einzig Würdige war. So lange jeder deutsche Bürger Soldat war, so lange er selbst seinen Heerd vertheidigte und sein schönes Vaterland nicht dem

Miethling anvertraute, so lange war auch Mannheit und Stärke sein glückliches Loos. Eine alte Sage erzählt uns von den Normannen, daß nur der mit zum Krieg genommen wurde, der einen schweren Stein wegwälzen konnte, der ein großes Schwerdt schwingen konnte, im Sturm durfte das Segel nicht unter die Hälfte des Mastes herabgelassen werden. Von einem Kriegszuge kehrte siegreich eine Heldenschaar zurück, ein Sturm drohte ihrem Schiff und es mußte durch Verminderung der Last erleichtert werden, in einem wohl organisirten Heer hätte das Loos entschieden, allein der rauhe Normann kannte solchen Nothbehelf nicht, wer zunächst am Bord stand, stürzte sich in die Fluthen, um seine Kampfgenossen zu retten. Wir freuen uns der Körperkraft der Vorzeit, wir staunen den Heldensinn an, und selbst der größte Schwächling gesteht sich wenigstens in seinem Innern, daß bei einem solchen Volk kein Küchenzettel für Einquartirung feindlicher Truppen bekannt ist. Dennoch wollen wir uns freuen, daß solche Zeit war, und noch mehr uns freuen, daß sie nicht mehr ist, wir wünschen die Zeiten der Regner Lodbroge und der Innisfaile nicht wieder zurück. Einzelne Kriegsthaten solcher Zeit ragen hoch hervor, aber das, was sie im Gefolge an Verheerung und Grausamkeit mit sich führten, davon schweigt die Geschichte. Kriegsruhm ist das glorreiche im Leben, er darf im Volke, in seiner Geschichte nicht fehlen, wenn es sich achten will und die Achtung Andrer fodert, doch sagt uns unser Schiller:

Es giebt
Noch einen höhern Werth als kriegerischen;
Im Kriege selber ist das letzte nicht der Krieg.
Die großen, schnellen Thaten der Gewalt;

Des Augenblicks erstaunenswerthe Wunder,
Die sind es nicht, die das Beglückende,
Das ruhig, mächtig Dauernde erzeugen.

Unsere Welt ist nicht die Welt unsrer Altvordern, damals waren Menschen und Sitten an das Vermögen der Erde gefesselt, der Deutsche hat nur Eisen und Wälder erhalten, und so blieb kriegerische Tugend die höchste und einzige, aber die Erde veredelte sich, Neugierde und Verlangen nach Ruhm, Wissenschaften, Künste und Handel haben auch entfernte Völker mit einander verbunden, und so sind alle Arten geschäftiger Betriebsamkeit entstanden, alle Künste des Geschmacks und des verfeinerten Lebens hervorgerufen, und jedes Volk sucht einen Grad der Glückseeligkeit zu erreichen, den oft die Natur ohne Mühe gewährt, oft aber auch der höchste Fleiß nur sparsam erringt.

Der Witz des Menschen hat oft die Frage aufgeworfen, ob ein Volk dadurch glücklicher würde und ob ein Volk von allen andern durch unwegsame Grenzen gesondert, das unbekannt mit den Lüsten der Fremden, nie neue Kenntnisse erworben, nie neue Begierden gefühlt, nicht glücklicher wäre? In den Romanen der Frau von Genlis nimmt sich die Schilderung eines solchen Völkchens recht gut aus, aber in der Wirklichkeit zeigen es nur manche Inseln des Südmeers, da erblicken wir menschliche Gestalten, die nur thierische Bedürfnisse haben, und sind diese befriedigt, kriechen sie aus ihrer Felsenkluft nicht hervor.

Leben Völker in Verbindung mit Andern, so ist wechselseitiger Unterricht, gegenseitiger Wetteifer; Erfindungen, Bequemlichkeiten, Neigungen und Sitten werden in allgemeinem Umlauf gesetzt, und da mögen nun weise Staatsmänner sorgen, daß das unaufhaltsame Fortstreben nicht verwüstend, sondern fruchtbringend sey, denn in der Blüthe des Wohlstands keimt schon die Saat des Untergangs, mit der Befriedigung der Begierden nimmt ihre Verfeinerung zu, der Frevel des Witzes und der Kennergeschmack sinnlicher Freuden zerstört Würde der Sitten, Stärke der Seele, sondert den Menschen vom Ganzen ab, das in dem Egoismus, in der körperlichen und noch mehr in der geistigen Schwäche und verwilderten Entartung seinen Untergang findet.

Soll dieser Zerstörung nicht entgegengearbeitet werden, soll kein Damm den verwüstenden Strom aufhalten? Ist es aber auf eine andere Art möglich als den Sinn des Volks zu ändern, können Belehrungen und Gesetze allein ein neues und kräftiges Volksleben begründen? Giebt es einen andern Weg, als mit dem Theil des Volks anzufangen, der noch am empfänglichsten für neue Sitte ist, und in dem noch Leben und Kraft vorhanden ist, um Vorurtheilen, Gemächlichkeiten und Trägheiten sich entgegen zu setzen? Nur die Jugend ist dazu geeignet, denn theils kennt sie jene noch nicht, theils ist noch die frische Regsamkeit vorhanden, die nicht durch den giftigen Nebelthau künstlicher Verfeinerung gestört ist. Diese Aufgabe ist immer noch schwer zu lösen, es muß ein neues Leben begründet und auch vielseitig so entwickelt werden, daß das Ziel erreicht wird. Soll das schwierige, sollen die Hindernisse abschrecken, und sollen wir die Hände in den Schooß legen, weil die Gewalt des Herkommens unbesiegbar wäre? Freilich wir können uns mit hochtrabenden Floskeln beruhigen und mit Gemeinplätzen vornehm thun, es ist ja vergeblich, gegen das Schicksal aller Staaten kämpfen zu wollen, wir sehn ja wie die Weltregierung, wie in der ganzen Natur alles Geschaffne und so auch Staaten und Völker durch bestimmte Zeiträume vom Entstehn zur Blüthe und Reife, und dann zum Verwelken und Abfallen geführt werden, und wie aus dem Chaos des gemeinschaftlichen Grabes eine neue Entwickelung und neue Gestaltung hervorgeht. Solche Feiertagsredensarten und Fräuleinsworte sind Labsale für den, der in behaglicher Gemächlichkeit ein ruhiges, sorgenfreies Leben vertändelt, aber ist er denn sicher, daß nicht auch ihn der Sturm des Lebens stört und ergreift; ist es recht und klug, ja ist es christlich zu dulden und auszuharren, bis jene Epoche sich nähert, soll nichts zu ihrer Abwendung geschehn? Es steht geschrieben: Gott aber ist nicht ein Gott der Todten, sondern der Lebendigen. Darum sollen und müssen wir lebendig seyn, kräftig leben und nicht wie Todte die Hände sinken lassen, sondern regsam und rührig seyn, um das Lebende und Gute herbeizuführen und zu erhalten, noch weniger den übertünchten Gräbern gleichen und ein Leben uns und Andern vorlügen wollen, das sich doch schon durch seinen Modergeruch verräth.

Darum wollen wir uns freuen, wenn Männer im Volk erstehn, die mit Wort und That Hand ans Werk legen, die Mühe und Hindernisse nicht scheuen, wenn einmal tüchtig die Wurzel des Unheils ergriffen werden soll und wir wollen die Regierung seegnen, die künftig das Gute fördern will und die es nicht als unbedeutsam ansieht, ihr Auge dahin zu lenken, wo früher Form und Herkommen und alte Verjährung nichts von Aenderung nöthig hielten. Lange genug haben wir Hoffarth getrieben und von unsrer Aufklärung und erleuchtetem Zeitalter viel

Rühmens und Wesens getrieben, ja wir haben die großen Ereignisse, die wir erlebten, wohl nur für unser Thun, für Menschenwerk gehalten, statt mit unserm guten König zu sagen, Gott gebührt die Ehre. Unterdessen haben wir dem Schein nachgejagt und das Wahre verabsäumt, so aber muß Geist und Körper untergehen. Nur im gesunden Körper wohnt der gesunde Geist, das ist eine alte Lehre, aber es will noch mehr sagen, der gesunde Geist schafft euch den gesunden Körper, hier ist nichts halbes, nichts getheiltes, Geist und Körper gehören zusammen und bilden das Ganze. Der eine kann nicht ohne den andern bestehn und gepflegt werden, der Geist muß dem Körper sein verlornes Gleichgewicht wieder schaffen, verkehrte Kultur bewirkt eben so gewiß körperliche Schwäche, als diese durch Mäßigkeit, Gesetzlichkeit und sittliches Wesen wieder erhoben werden kann. Wir achten den Maler nicht als ausgezeichneten Künstler, wenn er nur die äußern Umrisse kräftig und treu entworfen, auch die Farbenwelt soll sein Kunstwerk darstellen. Gesunder Geist ist aber nicht das Geschwätz der Schule, nicht eine Gelehrsamkeit ohne Kern, wo nur die Schaale in schillernden Farben spielt, nicht der sentimentale Charlatanismus, der nur schwazt und drängt, ohne zu handeln, nicht das hohe Sehervermögen — — nein, der gesunde Geist ist nur der, der das Wesen der Menschen auffaßt und begreift, der lebendig in dem Gedanken ist, daß er nicht der Mittelpunkt des Geschaffnen, sondern mehr ist ein Glied in der Kette des Ganzen, daß er auch nach seinen Kräften mit tragen und leiden, mit handeln und wirken muß und nicht in tödtendem Egoismus mit sich selbst zufrieden, nur mit sich selbst bekümmert, sich dem Ganzen abwendig macht. Dies ist das, was dem Menschen nicht gelehrt werden kann und muß, es muß mit ihm ganz zusammengeschmolzen und in allem seinem Thun und Handeln verzweigt seyn, es muß in der frühsten Jugend ihm vor Augen gebracht werden und nur da muß der Saame ausgestreut werden, damit Frucht und seegnendes Gedeihen statt finde. Das schöne Leben der heitern und frohen Jugend kennt beinahe nur noch die Dichtersprache, in unserm überverfeinerten Zeitalter hat die Jugend nur Jahre verlebt, aber kein Leben. Damit geht aber auch das weitere Leben verloren, es ist entweder das Tagewerk, was sich mühsam hinschleicht, oder es ist ein Leben in sinnlosen Ausschweifungen verzeddelt, ein Leben, das nicht lang nicht breit ist, auf Tod und Leben gelebt; wenn es zu kaufen wäre, man würde es für das halbe Geld nicht nehmen wollen. Der Mensch soll aber ein stark gezweigter Stamm seyn, der dem auswurzelnden Orkan stattlichen Widerstand leistet, dessen zur Erde sich neigende Aeste wieder Wurzel fassen und sich ausbreiten. Im Menschen ist aber noch ein höheres Ziel gesteckt, das er erreichen soll. Vorwärts ist Bahn! nur muß der Richtsteig gehalten werden.

Turnübungen und Turnen sey daher nicht blos die Erschütterungsmaschine des Körpers, nicht blos ein Triebrad, um stockende Säfte im Umlauf zu bringen, es muß sich das Höhere, das gemeinsame Volksleben ihm ansiedeln und im Turner einheimisch werden. Nur in diesem gemeinsamen Leben kann das wahrhaft Gute entspringen und kräftig fortleben, die bloße körperliche Fertigkeit und Gewandheit und Stärke machen das Ganze nicht aus, Seilklettern und Springen macht die rüstige Jugend nicht aus und ziert sie eben so wenig wie den

Erwachsnen die bloße Ordensdekoration, das sind transparente Gemälde, worauf man weiter nicht achtet, wenn die Beleuchtung dahinter fehlt. Verstand, Karakter, Kenntniß und That müssen hier vorangehn, so wie dort der lebendige Sinn und das rege Streben, ein Mann in der wahrsten Bedeutung des Worts und der tüchtige Bürger des Staats zu werden, um wirklich ein Sohn des Vaterlands zu seyn. Deshalb rufe der Turnmeister seine Genossen zusammen, um auch mit ihnen über das Große im Leben zu sprechen, es durch Rede kund zu thun und mit Gesang den Ausdruck des frohen Lebens zu feiern. Schon im Jüngling lebe die Ueberzeugung und begleite ihn immerdar, daß er einer höhern Ordnung der Dinge, als das blöde Auge des Staubgebohrnen durchschauen kann, angehöre, schon den Jüngling erhebe und erstärke der Glaube, ewige Treue dem ritterlichen König und seinem Hause zu leisten, und endlich was Jung und Alt und alles im Volke beseelt, sollte den Jüngling nicht begeistern dürfen, nicht schon des Knaben Gedanke werden? Hehrer Name des Vaterlandes, wessen Brust erhebt sich nicht stärker, Preußens Volk gehört zum deutschen Stamm, in Deutschlands Gauen waltet nur deutsche Sitte, herrscht nur deutsches Recht.

Deshalb ist das Turnen nicht blos im verzärtelten Leben der Stadt nöthig, sondern auch auf dem Lande, wo eine kräftigere Natur es weniger zum Bedürfniß zu machen scheint bei dem ersten Anblick. Erfahrung spricht aber auch hier, da jene Uebungen auch hier ihren Nutzen bewährten, man sehe nur was der wackre Messow in Biderit hier leistet, hat der Christuslehrer am Sonntag Christus Wort und Lehre verkündigt, so ist der Abend des Sonntags dem Turnen gewidmet, die Alten erfreuen sich der muntern Jugend und bei dem Heimkehren ertönen die religiösen Gesänge und kräftigen Lieder des Volks im edlen Sinn. Schüttelt darüber mancher brave Mann den Kopf und frägt wozu? so kann ich nur sagen, daß wir viel Gutes nicht nöthig hätten, wenn nicht viel Böses da wäre; frägt einer höhnisch mit vornehmer, weiser Geberde: was soll das? so bitte ich diesen, sich auf sonstige Art mit der lieben Dorfjugend an dem harmonischen Juchhei zu ergötzen, welches in der Schenke der Großknecht der jungen Magd stampfend zuruft. J[illegible] wird wohl niemand mehr fragen, was bessere Bildung dem Landbauer nütze, schon früher hat Rochow in Rekahn und mit ihm viele Edle es durch Erfahrung beantwortet und an-jezt muß jeder Zweifel scheiden, da des Königs Gebot und Gesetz gesagt, daß Unterthanen nur freie Bürger des Landes und nicht Leibeigne seyn sollen.

Des Zwingherrn tugendlose Klugheit kann freilich eine Menge Sklaven zum gemeinschaftlichen Zweck führen, aber dann fehlt dem Herrscher auch die Wollust der Liebe, des Vertrauens und die Freuden der Menschlichkeit; schreckenvolle Ordnung ist nicht das Band, das ein Volk an seinen Herrscherstamm knüpft. Das zufriedne, frohlockende Volk ist die Lorbeerkrone des Fürsten und so wie im ersten Alter der Welt die Familie ihren Vater umringte, so müssen auch jezt wieder die einfachen, patriarchalischen Sitten angebaut und gepflegt werden.

Diese Aera, sagt man, soll das Turnen herbeiführen? wo sind die Kennzeichen, wo die Beweise? Allgemeine Verbesserungen, die tief in das Innere der Gesellschaft eindringen, können aber nicht sprungweise ausgeführt seyn, sondern nur stufenweise kann sich das Bessere gestalten, und daß dies möglich werde, kann nur durch vereinte Kräfte geschehen. Vergebens ist hier das redliche Wirken der Gutsmuth, Vieth, Jahn und Eiselen, wenn nicht die häusliche Erziehung in gleichem Grade mitwirkt, oder gar wieder zerstört und benagt, was jene aufbauen wollten, wenn die Bemühungen zur kräftigen Körperbildung durch Weichlichkeit zu Hause, wenn der ernste Sinn durch Verhätscheln wieder an das Kindische gewöhnt wird, wenn Wohlleben und Ammenmährchen ihren schädlichen Verein bilden. So lange hier Hindernisse aufgethürmt, Vorurtheile genährt, Gebrechen der Zeit und der Sitte gepflegt werden, so lange kann nur theilweise gebaut und gebessert werden. Man muß aber auch hier billig seyn, man muß nicht gleich den Uebergang erwarten; lang hergebrachte Gewohnheit dem Beispiel zu folgen, verschwindet nicht gleich und auch nicht ohne Mühe, es ist genug, daß die Bahn gebrochen ist und beruhigend ist die Zuversicht, daß das, was gut ist und wahr, nicht untergeht und von keinem Sturm wieder verweht wird, der große Gedanke in das Menschenleben geworfen, pflanzt sich in unabsehbaren Kreisen fort, bis das neue Leben hervorgeht. Wenn die Jugend Berlins am Jahrestage der Schlacht von Groß-Beeren für die Rettung der Königsstadt dem Dankfest auf dem Schlachtfelde zuströmt, wenn an Stelle und Ort die Heldenthaten ihrer Väter und Brüder lebhaft sie anfeuern Männer zu werden, wenn sie hier fröhlich turnt und die ernste Mahnung des Vaterlandes lebendig ihr Gemüth ergreift, dann ist es doch wohl etwas anders, als wenn sie dem leeren Gedränge an einer großen

Wirthstafel zugeführt wird und da mit hundert und mehrern Erwachsnen drei und vier Stunden am Tisch angepfercht sizt. Sollen denn die Schilder der Wirthshäuser nur unsre Hermen seyn? soll das Edle und Große nur im Toast sprechen dürfen?

Wohl glaubt man dies alles unnöthig, denn in des einzigen Friederichs heroischem Zeitalter sind ja Thaten geschehn, die der Nachwelt als leuchtende Muster da stehn, warum sind jezt diese Vorbereitungen nöthig, warum wird jezt mit der Salbung eines Heidenbekehrers eine neue Lehre gepriesen, ein neues Leben gefordert? Ja ein neues Leben wird gefordert und muß beginnen, denn das gute Alte ist verloren gegangen, die guten alten Sitten sind verschwunden, darum eben muß geändert und gebessert werden. Hat nicht Erziehung der Jugend, hat nicht jedes Volksleben sich seit der Zeit geändert und ist diese Aenderung nicht mehr oder weniger in das Leben jedes einzelnen Familienkreises übergegangen, ja haben diese nicht eben deshalb zu seyn beinahe aufgehört? Lärmen und Gewühl, Schimmer und Klingklang sind die Trugbilder des Ergötzens geworden, denen man nachläuft, große Gesellschaften, die ohne Fröhlichkeit dastehn, haben den wirklichen Frohsinn des einfachern Lebens verdrängt, der Luxus als Ausgeburt einer künstlichen Verfeinerung hat größere Schwächlichkeit und Entnervung hervorgebracht. An diesen Freuden nimmt schon die Jugend Theil, auch sie schwelgt schon an reich besetzten Tafeln, welche die Leckereien mehrerer Himmelsgegenden vereinigen, auch sie schwärmt die Nächte durch, ja um sie nicht blos in Gesellschaft der Erwachsnen ein fremdartiges Leben führen zu lassen, haben sie schon ihre eignen Zirkel, jenen ähnlich und öffentliche Ankündigungen sammeln Unterschriften zu Kinderbällen, wo das bezahlte Eintrittsgeld die buntscheckigten Versammlungen bildet. So ist die Jugend ganz aus ihrer Sphäre gerissen, der Frohsinn derselben hört auf in den großen Versammlungen, wo sie schon früh lernen, den äußern Glanz von dem Mangel im Innern unterscheiden und diesen durch Gleißnerei verbergen, Langeweile, die in faulthierisches Hindämmern übergeht, erlähmt sie, oder Genußgier des spätern Lebens entwickelt sich jetzt schon. Sie abbreviren ihr Leben, wie Geschwindschreiber, es ist eine unleserliche Schrift geworden, die sie selbst nicht mehr entziffern können, es ist ohne Werth und ohne Zweck. Der Knabe lernt Zerstreuungen und Begierden kennen, dies ist die erste Quelle seiner Weichlichkeit, das Knabenalter geht ihm verloren und er wird zu früh Jüngling; gerade dieser schnelle Uebergang verhindert ihn dann ein Mann in der vollen Bedeutung des Worts zu werden. Ein tändelndes Leben wird durch Romane und Schauspiele verzerrt und künstlich Leidenschaften hervorgerufen. Haben wir nicht in Berlin schon einen funfzehnjährigen Knaben sich aus Liebe erschießen sehn und ist dies ein Wunder, wenn solche gehetzte Gefühle dann im Großen mit Puff und Knall verarbeitet werden, wenn ein sentimentaler Bajazzo mit wirbelnder Trommel die gaffende Menge herbeiruft, um die Großthat anzustaunen, ja da soll man sich seines Zeitalters recht erfreun. Das, was uns so oft als Aufklärung gepriesen wird, erscheint nur zu häufig als Abenddämmerung eines düstern Novembertags. Jünglinge, die schon an Körper und Geist und an jedem Lebensgenuß verlebten Greisen gleichen, kommen dem Arzt nur zu oft als Opfer einer solchen Verzärtelung und des künstlich gesteigerten Lebens vor, aber der Kreis des Verderbens ist hier noch nicht geschlossen, man frage nur die Aerzte, ob sie blos für jene Uebel Heilmittel haben sollen und ob sie nicht viel schlimmere noch zu behandeln haben? Junge Leute haben schon als Schüler Ausschweifungen kennen gelernt, deren Folgen sie dem Arzt nicht etwa mit Verschämtheit klagen, sondern schon mit der vollendeten Ausgelassenheit, und selbst mit Vornehmthuerei eines Wüstlings als unvermeidliche Zufälle anzeigen. Sie scherzen über das Mittel, welches sie heilt und verdirbt und kennen die Seelenangst noch nicht, welche durch jene Krankheit nach ihrer Heilung zurückbleibt und den Hypochondristen quält und entkräftet. Man muß ein Menschenfeind seyn, wenn man über diese Gegenstände gelassen und ruhig sprechen kann, man muß ein Menschenverächter seyn, wenn man hier frevelnd scherzen kann.

Hier wird es doch recht dringend nöthig, unter solchen Umständen auch kräftig in die Pädagogik einzugreifen, die Jugend, welche durch Sitte der Zeit ihr eigenthümliches Jugendleben und schon ihr Knabenalter verliert, muß auf die entgegengesetzte Seite hinübergeleitet werden, wo sie weder das Opfer einer schaalen Vegetation, noch durch den Wurmstich moderner Civilisation verkrüppelt wird.

Solches Unwesen muß durch kräftige Vorkehrungen angegriffen werden, Belehrungen helfen zu wenig, sie werden vergessen im verwilderten Leben, dieses muß selbst geändert werden und hier darf nichts erkünstelt werden, die Natur allein zeigt hier den Weg, der nicht ungeahndet verlassen wird. Der Körper der Jugend verlangt Thätigkeit und Bewegung, um seine Kraft zu entwickeln, dieser Naturforderung darf nur nachgegeben und gefolgt werden, dieses Bestreben darf nur zweckmäßig geleitet werden. Diese Leitung verwirft man, sie sey unnöthig, denn auch in alter Zeit hätte der Knabe ja Bäume erklettert, wäre über Seile gesprungen und hätte den Ball geschlagen, dreist und kühn, keck und unverzagt habe er auch sonst die höchsten Gipfel erstiegen. Nach dieser Schlußfolge müßte der Besitzer einer Zuckerplantage sein Zuckerrohr ausrotten, um Runkelrüben zu bauen. Die Sache will man also wohl, aber nur nicht die Form, man will die Aufsicht, die Fürsorge nicht, so was soll der Knabe lieber heimlich und verstohlen thun. Wo ist die Gefahr aber größer? wird sie nicht da seyn, wo Unbekanntschaft mit der Gefahr das dreisteste unternehmen läßt und um so schlimmer, wenn nun alle Hülfsmittel dem Wagehals fehlen. Kenntniß der Gefahr giebt nur allein die kluge Zuversicht, denn sonst müssen wir das Schwein des Pyrrho, das bei einem Schiffbruch, der alle im Schiff zur Verzweiflung brachte, ganz ruhig aus seinem Troge fraß, als Vorbild aufstellen.

Das Turnen aber soll gerade jene Gefahr verschwinden machen, hier wird ja nicht die höchste Kraft vorausgesetzt, hier wird sie erst durch langsame Stufenfolge einzelner Bewegungen entwickelt und geschaffen. Freilich wenn ein Vater sich nie darum bekümmert hat um die Einrichtung selber, wenn er Turnen und Turnkleider für leidliches Spielwerk gehalten und nun einmal den Turnplatz sieht und seinen Sohn einen Mastbaum hinanklimmen und oben sitzen sieht, so wird er ängstlich, das hat er nicht geglaubt, er nimmt sich zum Maaßstab, er hat an seinem Arbeitstisch, in seinem Komtoir die Beweglichkeit seines Körpers verloren, und sind seine Glieder vollends täglich zur wahren Erholung

Stunden lang am Spieltisch angefesselt gewesen, so ist schon die Vorstellung, einen Blick in freie Umgebung zu thun, hinreichend, um ihm Schwindel zu erregen und diese seine Aengstlichkeit sucht nun Gründe gegen die ganze Anstalt, ob sie wahr sind, ob sie falsch sind, ist gleichbedeutend, es werden nur Worte gesucht, um das Neue, das Ungewohnte wieder zurückzuweisen. Im Ganzen sind die Mütter weniger ängstlich, denn einmal sagt schon dem Geschlecht der Anblick der Kraft mehr zu, denn aber auch, wie will sich eine Mutter entschuldigen, wenn sie die Gesundheit des Sohnes, die doch gar nicht einmal gefährdet ist, in Schutz nehmen will, und mit ruhiger Sorglosigkeit und schlafendem Gewissen der Mode unterthan ihrer Tochter mit dem eisernen Blankscheid jeden freien Athemzug nimmt und in dem Panzer des Schnürleibs sie einengt, wo freilich nicht gleich die Schädlichkeit da steht, wo aber ganz gewiß dieselbe in der geschwächten Lebenskraft, in der mangelhaften Ausbildung der Organe schreiend da steht; das nervenschwache Siechthum des fortgeschleppten Lebens wird freilich dem Herkommen und dem Vorurtheil die Bizarrerien der Modetrachten nicht nehmen. So versinnlicht sich uns im Scepter der Mode das Ziegelstreichen der Kinder Israels in der ägyptischen Dienstbarkeit.

Ganz anders erscheinen jene Auftritte des Turnplatzes, wenn man sie öfter sieht und prüft, und das Prüfen sollte billig die erste Pflicht des Vaters und Erziehers seyn, ehe er den Sohn oder Pflegbefohlnen zum Turnplatz schickte. Jenes anscheinende Wagestück ist ja nicht der Anfang, es gehören zahllose, unbedeutende, ja selbst wenn man sich um den Zweck nicht bekümmert hat, lächerlich scheinende Vorübungen dazu, um die nöthige Kraft, Stärke und Gewandtheit zu geben. Zwar sagt man, mein Sohn rc. hat nicht nöthig, am Seil zu klettern, er soll kein Seiltänzer werden; davor möge auch jeder bewahrt werden, so nichtswürdig sein Leben zu verbringen und es einem so verächtlichen Zweck zu widmen. Jene Künste erkennt aber der Turnplatz nicht an und födert sie auch gewiß nicht, aber was hier getrieben wird, ist ja nicht der Zweck, es ist ja immer nur das Mittel; eine Kraft soll sich entwickeln und dazu sind jene Vorkehrungen, nur dafür allein sollen sie gelten, sie sind gerade das, was pflügen und eggen dem Landbau sind, damit die Saat herrlicher aufgehe; wir wenden so viel Sorgfalt an, um gesunde und tragende Saaten und Bäume zu haben, wenn wir gleichzeitig dem kräftigen Körperwuchs und seiner naturgemäßen Ausbildung weniger Aufmerksamkeit schenken. Körper und Geist sollen kräftig gestärkt werden, Turnübungen sollen dies bewirken, aber sie sind nicht der Zweck selber, sie bleiben immer nur etwas Aeußeres, zum Aeußern gehörig, sind sie nur Mittel für einen höhern Zweck, ein Mittel, um dem Leben, das wir als entartet vorfinden, wieder Haltung und Würde zu geben.

Das Mittel nennt man gefährlich, aber doch nur dann, wenn man es nicht kennt, denn aufmerksame Beobachtung und ruhige, vernünftige Prüfung, der kein Schreien und Schelten beigemischt wird, lehren das Gegentheil, oder man muß den Ausdruck Gefahr über Gebühr ausdehnen, dann aber ist auch alles gefährlich; wer schwache Muskeln hat, kann vom bloßen Ausstrecken der Arme und Füße den Starrkrampf kriegen, es sind schon welche an einem kleinen Hühnerknochen, an einer

Gräte erstickt, Tissot sah eine Dame stumm werden, weil sie sich eine Warze am Halse abgebunden hatte, man kann in seiner Stube Arm und Beine brechen u. s. w. Welche Menge von Zufällen kann uns begegnen, ist es möglich allem auszuweichen, aber man wird doch nicht leugnen können, daß ein starker Körper vielem ausweicht, so wie der ruhige Gleichmuth nicht von jedem Schrecken ergriffen wird. In allen Verhältnissen des Lebens ist eine gewisse Kraft und Stärke nöthig, diese kann nur durch Uebung erworben werden, Gefahr vermeidet man nur durch Bekanntschaft mit derselben, so wie ein jeder, der sich der Luft entwöhnt hat, von dem Wechsel derselben leidet. Wer gesund und kraftvoll werden will, muß in jungen Jahren öfters auch gegen die gewöhnlichen Regeln der Arzneikunst verstoßen; in dem jugendlichen Lebensalter immer alles nach Maaß, Gewicht und Zeit bestimmen wollen, macht Schwächlinge oder wenigstens Hypochondristen, die mit allen Sorgen für ihr Leben dasselbe weder genießen, noch verlängern, sie machen es sich nur langweilig. Daß Uebung nur allein die Kraft giebt, zeigt uns der Anblick der Gebirgsbewohner, ihre Verhältnisse bringen es mit sich, oft gefährliche Unternehmungen zu wagen, aber die öftere Gewohnheit hat ihnen die Ueberzeugung ihrer Kraft verschafft, und daher die Sicherheit und Ruhe. Man glaubt zwar, daß Nahrungsmittel beitragen, allein dies widerlegt die Erfahrung: der Bergschotte und der Eisenarbeiter in der Grafschaft Mark ist stark und kräftig, so wenig und selten er auch Fleisch genießt, wenn bei gleicher Nahrung die Beschäftigung des Webers und der Mangel der freien Luft den Körper schwächt. Jenen Glauben vom Stärken durch

Fleisch und Wein hat man leider auf die Kinderzucht schon übergetragen und glaubt dem Körper des Knaben, statt ihn zu üben und abzuhärten, dadurch helfen zu können, aber Milch ist der Wein der Jugend und Wein die Milch des Alters. Dieser Mangel der Uebung und Gewandtheit in körperlicher Kraft zeigt sich bei Unglücksfällen der Erwachsnen nicht selten, wie viele z. B. brechen jährlich den Arm oder Fuß bei dem Aussteigen aus dem Wagen oder gar bei dem Hinausspringen vor Besorgniß des Durchgehens der Pferde. Hier fehlt ganz die Geschicklichkeit durch Schwingübungen erlangt, sich den nöthigen Aufschwung zu geben, um mit Sicherheit den Sprung zu machen.

Man behauptet, daß Bewegungen des Körpers mit heftigen Anstrengungen der Muskeln verbunden und gezwungne Stellungen des Körpers der Gesundheit desselben gefährlich werden konnten; ja man geht noch weiter, wenn man wirkliche Krankheiten, organische Fehler als unvermeidliche Folgen angiebt. Ich bin gewiß recht oft auf dem Turnplatz gewesen und ich glaube nicht, daß eine Turnübung, sey es die vollendete oder auch nur die Vorschule, mir unbekannt geblieben ist, und bei der aufmerksamsten ärztlichen Prüfung kann ich nach meiner Ueberzeugung und nach meinem Gewissen jene Behauptung nicht als richtig anerkennen, ja ich habe keine einzige Stellung bei dem Turnen gesehn, die in Rücksicht ihrer Schädlichkeit der Stellung gleich käme, die selbst so mancher Feind des Turnens täglich mehrere Stunden mit zusammengepreßtem Körper und vorgebogenem Vorderleib am Spieltisch zubringt und die dem, dessen übrigen Verhältnisse schon eine mehr sitzende Lebensart erfordern und der sich einer solchen nach reichlich genossenen Mahlzeiten hingiebt, gewiß viel nachtheiliger wird. Jene Annahme von Nachtheil und Schaden dürfte an und für sich nicht nur zu weit ausgedehnt seyn, wenigstens kann man sie nicht blos für den Turnplatz beschränken, da sowohl heftige und angestrengte Bewegungen, wie mannichfaltige Stellungen und Lagen des Körpers in allen Lebensverhältnissen oft freiwillig gesucht werden, oft nothgedrungen sich darbieten und für diesen leztern Fall möchte daher eine schon erlangte Uebung kein unbedeutender Gewinn seyn.

Diese Uebung ist aber doch in der Jugend nur am leichtesten zu erlangen, im spätern Alter möchte es mannichfaltigere Schwierigkeiten haben. Sie kann am sichersten nur durch Turnen erreicht werden, denn wenn der Körper nach Turngesetzen dafür in Stand gesetzt wird, so kann der Vortheil von keinem Unbefangenen geleugnet werden. Kraft, Stärke und Gewandheit müssen erlernt werden, die Organe des Körpers sind für diesen Zweck da, und ihre regelmäßige Entwickelung wird dann der Gesundheit eben so vortheilhaft seyn, als ihre Erschlaffung und verkehrte Thätigkeit derselben nachtheilig seyn wird. Manche Stellung, manche Anstrengung, welche der Ungeübte oder der mit dem Ganzen Unbekannte für gefahrvoll hält, wird dann aufhören so genannt zu werden. Wie oft sehn wir nicht Kinder, die schon in schweren Tänzen, vorzüglich im Kosackentanz, eingeübt werden, und damit oft zur Erheiterung eines gesellschaftlichen Zirkels beitragen. Solche Uebungen mögen unter gehörigen Beschränkungen und unter Umständen ganz gut seyn, sie mögen nicht immer das Gepräge der Eitelkeit zur Schau tragen, aber wenn von Gesundheit derselben nur allein die Rede ist, so darf

man

man doch auch nicht übersehn, daß auch hier so mannichfaltige Stellungen und Sprünge vorkommen, die wohl auch eine Berücksichtigung verdienen und manchem Zweifel gegen ihre Unschädlichkeit Raum geben. Die Anstrengungen sind wahrlich für den kindlichen Körper nicht unbedeutend, am wenigsten dann, wenn im engen Raum einer Stube oder auch des Saals eine zahlreiche Gesellschaft die Hitze vermehrt. Nicht immer werden solche Tänze mit nöthigen Vorübungen eingeleitet, denn die schnell erlangte Fertigkeit ist ja oft die Forderung, die dem Tanzlehrer zur Bedingung gemacht wird, von der sein Ruhm und sein Interesse abhängig bleiben. Die verschiedenen Arten des Gehens, Laufens, Hüpfens ꝛc. auf dem Turnplatz geben den Gliedern aber gewiß eine größere Festigkeit und Dehnbarkeit mit gleichzeitiger Kraft, als der Tanzmeister mit dem Angeben des Takts seiner Geige bewirken kann. Das Gehn und Laufen auf dem Turnplatz wird mit mehrerer Ordnung und Aufsicht geleitet, als dies in der Regel bei dem Tanzen unsrer Jugend statt findet, nicht zu rechnen, daß auf förmlichen Kinderbällen schon geistige Getränke die Erhitzung vermehren und auch wohl schon Eitelkeit, Tand und der ganze Anhängsel von Frivolität ausgebildet wird. Im Kindesalter werden schon halbe Nächte tumultuarisch verlebt, das sonst nur dem Erwachsnen zustand und was auf dem Turnplatz sich als frohes, jugendliches Leben und Treiben gestaltet, wird hier schon in konventionelle Verhältnisse und bizarre Formen ausgeprägt. Körperlich und geistig gebührt daher dem Turnplatz der Rang, mit Unrecht will man dort Schädlichkeiten ersinnen, die in unserer übrigen Lebensart leider schon ausgebildet vorgefunden worden.

Die sogenannten Turnfahrten werden für übermäßige Anstrengungen gehalten, weil sie oft Meilen weit gehn und mit körperlichen Anstrengungen der dabei vorkommenden Spiele verbunden sind. Gerade diese Spiele erhalten aber die Regsamkeit und Munterkeit des Geistes, es ist ja kein Botenlaufen durch verdingtes Tagelohn und selbst die Fertigkeit, eine Fußreise machen zu können, ist schon an sich viel werth und wer kann die Fälle im menschlichen Leben berechnen, wo sie ein Bedürfniß werden kann, dessen verfehlte Befriedigung schmerzlich empfunden wird. Diese Turnfahrten können aber freilich nur dann ihren Zweck erreichen, wenn sie mit Ordnung und Aufsicht geschehn, mit Recht werden die jüngern Turner ausgeschlossen, wenn nicht etwanige größere Stärke oder die Anwesenheit älterer Brüder eine Ausnahme gestatten. Hier haben Officiere und Studenten sie öfter mitgemacht und haben sich dem Gesetz unterworfen, weder Liqueure noch Taback zu brauchen, um nicht Beispiele von Genüssen zu geben, die für ein früheres Lebensalter untauglich sind. In den Raststunden werden auch Lieder gesungen, aber nicht die sogenannten Studentenlieder, es gilt hier nicht ein Gelage zu feiern, es ist die Wanderung, wo froher und jugendlicher Sinn heiter das Leben begrüßt, Volkslieder und Kriegslieder ertönen, Lieder auf Blücher und Gneisenau werden gesungen, König und Vaterland werden gepriesen, damit Herz und Geist sich gleichzeitig erstärken, die Regeln der Aesthetik mögen in dichterischer Freiheit umgangen werden, aber die Regeln der Sittlichkeit bleiben unverletzt. Diese harmlosen, freudigen Fahrten hat man wohl gar für Quelle der Rohheit ausgegeben, aber gewiß mit Unrecht, denn nur zu oft verabsäumen Eltern und Erzieher sich die nöthige Gewißheit darüber zu verschaffen, ob ihre Kinder und Zöglinge auch mitgegangen waren, und nicht, um des Zwangs und der Aufsicht überhoben zu seyn, ihre eignen, selbst gewählten Zerstreungen aufsuchen. Viele mißbrauchen die Turntage, um andern Vergnügungen nachzugehn, die Ordnung und der Gehorsam des Turnplatzes ist dem schon eigensinnigen und verzognen Knaben zu strenge, er will seiner Laune und seiner Willkühr nur Gehör geben, daher bleibt er lieber fort und geht nun mit gleichen Genossen andern Gelegenheiten nach, die dann wohl gar, vorzüglich in einer großen Stadt, leicht in Nichtswürdigkeiten übergehn. Dem Turnen kann man hier wohl keinen Vorwurf machen, er würde sonst auch die Schulanstalten treffen können, die Ursache ist nur das zu große Vertrauen oder gar die Sorglosigkeit, mit welcher die Jugend erzogen wird. Es ist nicht hinreichend, ihr eine Zeit für die eine oder die andre Beschäftigung bestimmt festgesetzt zu haben, es muß die Ueberzeugung dazu kommen, daß jene Zeit auch wirklich damit ausgefüllt wurde. Hier auf dem Turnplatz wird beständig ein Verzeichniß der Anwesenden an jedem Turntage aufgenommen, so daß einem Jedem leicht ist, sich die nöthige Auskunft zu verschaffen. Der Zwang auf dem Platze, sich in die gesetzmäßige Ordnung zu fügen, eine Eigenschaft, die der Mensch durch sein ganzes Leben nöthig hat, vermindert die Zahl der Besuchenden und es wird dem Eigensinn leicht, andre Entschuldigungen anzuführen und wohl gar Tadel auszusprechen, der nicht gegründet, nicht untersucht, aber doch hier und da begierig aufgenommen wird, statt daß ein solcher Tadel doch sollte von den Eltern und Lehrern dem Turnmeister angezeigt werden, der gewiß dankbar eine fehlerhafte Einrichtung abändern würde. Ueberhaupt sollten Eltern und Lehrer, wenn sie einmal dem Knaben auf dessen Bitten und mit seinem Willen die Erlaubniß zum Turnen gegeben haben, auch strenge darauf halten, daß er nicht blos hier nach Gutdünken handeln darf; diese Erlaubniß ist jetzt ein Theil seiner Erziehung, über welche mitzusprechen oder dieselben nach seinem Belieben beschränken zu wollen, dem Knaben kein Recht zustehen darf, es ist nun mehr wie bloßes Spiel, es ist eine seinem Alter angemeßne Beschäftigung, schon früh muß die Sitte unterdrückt werden, ein Geschäft spielend oder nach Gutdünken betreiben zu wollen. Man muß schon früh anfangen, dem jugendlichen Sinn Regelmäßigkeit und Ordnung einzuprägen sowohl im Spiel als in der Arbeit, das Hindämmern, das sich laufen lassen und beliebige Auswahl zu treffen, bleibt nachher die Gewohnheit des Lebens, die doch oft unangenehm bei Seite gelegt werden muß. Hat der Knabe seinen Geschmack am Turnen verloren, so müßte ihm verboten werden von seinen Eltern und Lehrern ferner hinzugehn, denn das Ab- und Zulaufen, wenn er einmal keinen andern Zeitvertreib hat, führt doch zu nichts und ist ganz ohne Werth, ja nur schädlich, indem es entweder Trägheit oder Eigensinn, oder noch andre Unordnungen begünstigt. Wir brauchen nur die gymnastischen Uebungen der Griechen, denn warum sollen unsre Frauenzimmer nur die griechischen Kleidertrachten allein zum Vorbild nehmen, anzusehn, mit welchem Ernst wurden diese betrieben, Gesetze schrieben die einzelnen Uebungen vor, die ihre bestimmten Regeln hatten. Die Gymnastik war der wesentlichste Theil der Erziehung, weil durch sie der Mensch gelenk, stark und eben so fähig wurde, die Beschwerden des Kriegs als die Muße des Friedens zu ertragen. Dieser Gegenstand wurde so wenig als Zeitvertreib angesehn, daß in Lacedämon einige Jünglinge, die man für verdächtig hielt, daß sie sich einen Spatziergang zum Vergnügen machen wollten, zur Strafe zog. In Athen durften die Vorsteher der Gymnastik nur vom Aeropagus bestätigt werden und nur eine der vornehmsten Magistratspersonen durfte die Aufsicht führen, die Wahl derselben hing vom ganzen Volk ab, und das ehrenvolle Amt konnte nur ein Jahr bekleidet werden. Auch damals berücksichtigte man schon Mißbräuche, wie dies aus mehrern Stellen der alten Schriftsteller hervorgeht, aber wie weit entfernt ist diese Aufmerksamkeit der Alten, von den weibischen und kindischen Besorgnissen, womit man sich heut zu Tage quälen und Luft machen und weise thun will.

Um der Sache einen Anstrich von Glaubwürdigkeit zu geben, beruft man sich auf Aussagen von Aerzten und beweist es durch Stellen aus ihren Schriften. Die eigentlichen Aerzte der alten und neuen Zeit waren Lobredner der Gymnastik, es ist unnöthig, dies noch zu beweisen, aber von den Alten will ich nur den Galen, der selbst Turnmeister war, und von den neuern Reil nennen, der unter uns lebte, und dessen ärztlicher Beruf, den er mit dem Tode besiegelte, wohl niemand in Zweifel ziehn wird. Reil sagt da, wo er von der Zunahme der Nervenkrankheiten in unserm Zeitalter spricht und die Ursachen in unserer verzerrten und verdrehten Lebensweise findet, daß der Mangel unserer Pädagogik das Fehlen der Gymnastik wäre, deren Wiederherstellung doch wenigstens einige Pfeile des

Laxus würde abprellen machen, um weniger Nervenkranke und Bewohner des Irrhauses zu sehn; er schrieb dies nemlich vor beinahe zwanzig Jahren.

Die eigentlich klassischen Aerzte werden auch in dieser Beziehung von Gegnern nicht angeführt, sondern nur das unbestimmte Geschwätz des Gevatter Bader und wie verbrüderte Seelen in gleichem Takt pulsiren, so wird auch hier das Gesagte mit den Kunstausdrücken der Aerzte und mit Beweisstellen aus Büchern, welche, ganz aus dem Zusammenhange gerissen, der Sache einen Anstrich geben sollen, bewiesen; es ist eine schlechte Art, sich durch solche Scheingelehrsamkeit ein Ansehn geben zu wollen, denn bei gründlicher Untersuchung hält so etwas nicht Stich, man mag immerhin von allen Wissenschaften und Künsten einige Kenntniß sich verschaffen, aber man glaube nicht, daß solche Bruchstücke hinreichende Beweiseskraft haben, denn wenn sie noch dazu übel verstanden und deshalb unrichtig angewendet worden, so spricht sich nur eine Oberflächlichkeit aus, die man sonst lieber zu verbergen pflegt. Vorzüglich gilt dieses von der Arzneiwissenschaft, denn wenn bei dem natürlichen Hang der Menschen, hier eingreifen zu wollen, nun dieses fragmentarische Halbwissen nur Verwirrung hervorbringt, so darf man sich darüber weiter nicht wundern. Wenn ein Laye hier ein Buch von den Krankheiten des menschlichen Körpers vornimmt und die darin zusammengestellten Ursachen aller Krankheiten aufstellt, um sich seine Regeln zur Erhaltung der Gesundheit zu bilden, so möchte ich wohl wissen, was er thun oder unterlassen sollte, um nicht täglich und stündlich sich einem gefährlichen Uebel auszusetzen. Das ist ja eben das Studium des Arztes, jene allgemeine Lehren zu individualisiren, das Eingreifen des Nichtarztes bleibt hier ein werthloses Beginnen. Der Körper des Menschen ist ein so zusammengesetztes Gebilde und das Ineinandergreifen so vielfacher Organisationen gestalten das Leben des Ganzen. Gesundheit und Kraft und vollkommnes Leben sind nicht von dem Einen oder dem Andern allein abhängig, sondern werden nur durch das gesammte Zusammenwirken möglich, daher sind Abweichungen im Einzelnen, selbst organische Mißbildungen nicht immer unbedingt mit den üblen Folgen verbunden, welche das Kompendium aufführt.

Die Grenzen hier bestimmen und ziehn zu wollen, ist ein Vorwurf, der das Studium eines ganzen Lebens ausmacht, und dessen Aufgabe zu lösen immer ein schwieriges Unternehmen ist, das nur mit vielem Fleiß, Umsicht, Ernst und großer Neigung getrieben werden kann. Ein jeder Vernünftige bildet sich nach dem, was ihm zusagt oder schädlich ist, seine Lebensordnung, aber diese kann nie die allgemeine Regel seyn, da viele sich bei derselben sehr übel befinden würden, denn jeder Mensch hat nur seine eigenthümliche Gesundheit, ist auf eine nur ihm eigne Art empfänglich gegen die Aussenwelt und wirkt eben so eigenthümlich auf sie zurück. Noch mehr gilt dies von den Erscheinungen in Krankheiten. Geht der Nichtarzt vielleicht noch weiter und schlägt den umgekehrten Weg ein, so ist der Fehlgriff noch auffallender und dennoch wird er mit jenem in dieselbe Kathegorie gesetzt werden müssen. In den Krankengeschichten der Aerzte und Wundärzte kann man sich zahllose Beispiele sammeln, wo allgemein angenommene Schädlichlichen, ja selbst Verletzungen gar nicht den gewöhnkeiten Schaden brachten, ja selbst gute Folgen hatten, es giebt Beispiele, wo dumme Knaben durch einen Fall auf den Kopf vernünftig wurden, und ähnliche Fälle lassen sich in Menge auffinden. Hier kann nur der Arzt den Faden auffinden, jeder andere verirrt sich in dem anscheinenden Labyrinth. Will man deshalb die Arzneiwissenschaft tadeln, ihr Unvollkommenheit vorwerfen, so nehme ich als Arzt diesen Vorwurf dankbar als verdientes Lob an, denn er beweißt, daß die Arzneiwissenschaft im Vorschreiten begriffen ist und daß man Recht hat, Fortschritte zu erwerben Dies hat sie mit allen Wissenschaften gemein, keine ist abgerundet und vollkommen da, die größten Rechtslehrer geben ja zu, daß seit dem römischen Recht die Ausbeute nicht bedeutend wäre und behaupten gar, wir wären noch nicht auf den Standpunkt vorgedrungen, um Gesetze geben zu können, in der Finanzwissenschaft wird die Lehre von direkten und indirekten Steuern noch immer diskutirt, und überhaupt wo ist die Kunst, wo ist Handel und wo das Gewerbe, wo nicht noch über wichtige Gegenstände oft verschiedene Meinungen obwalten, wenn gleich eine allgemeine Grundlage feststeht. Fertig in seinem Treiben ist nur der Aufpasser bei der Schießscheibe, er schlägt seinen Pflock ein, nimmt seinen Hut ab, und tanzt vergnüglich und selbstzufrieden rund herum, denn er kann im Schwarzen nicht fehlen und dünkt sich recht weise dabei.

So werden von Nichtärzten bei den Turnübungen die Kongestionen des Bluts nach dem Kopf für gefährliche Folgen angesehn, vorzüglich die Uebungen am Reck, wo die Füße den Körper oben halten und der Kopf nach unten hängt. Schlägt man nun ein Kompendium oder ein medizinisches Lexikon nach, so findet man Uebel, die daraus entstehen können und Ursachen, wodurch dieselben hervorgebracht werden können, in zahlloser Menge. Andrang des Bluts nach dem Kopf ist allerdings der Gesundheit und dem Leben oft recht schädlich, jedoch nur dann, wenn eine innre veränderte Lebensthätigkeit ihn hervorbringt. So ist er im jungen Alter gewiß recht schädlich, wenn gleichzeitiger Genuß geistiger Getränke, wenn schiefe Kultur des Geistes, wenn unregelmäßig geweckte Begierden und Leidenschaften ihn hervorbringen. Die blos mechanisch wirkenden Ursachen, wobei der Kopf mehr nach unten ist, haben aber einen wenig bedeutenden Einfluß, und gar keinen bei wirklich gesunden, noch unverdorbnen Körpern. Bei großer Neigung zum Nasenbluten müssen jene Uebungen unterbleiben, aber nicht, weil der Kopf nach unten steht, sondern weil die damit verknüpfte körperliche Anstrengung zu groß ist. Ein auf diese Art organisirter oder schon geschwächter Körper muß erst durch andre Vorübungen gestärkt werden. Ueberhaupt ist ja auch eine solche Stellung nicht anhaltend, derjenige, der sie unternimmt, läßt bald nach, wenn sie ihm unangenehm ist, aber er hört deshalb auf, weil die Anstrengung ihn ermüdet, er muß den Athem lange an sich halten, um den übrigen dazu wirkenden Muskeln einen festen Haltpunkt zu geben, dies erschöpft seine Kraft und deshalb hört er auf, aber nicht, weil im Kopf sich das Blut anhäuft. Das Blut bewegt sich aber nicht im Körper, wie Flüssigkeiten in einem Faß; wenn dieses geschüttelt und gewendet, wenn hier das oberste nach unten gekehrt wird, so treten hier ganz andre Verhältnisse ein, in dem geschüttelten Bierkrug wird alles trübe, aber dieses Handexperiment muß man nicht unverständig auf den Körder des Menschen anwenden wollen Hier bewegt sich das Blut theil in sich selbst, theils in Adern, die ihre eigenthümliche Thätigkeit haben. Daß die Lage des Kopfs nach unten nicht so gefahrbringend ist, kann man von jeder Wehmutter lernen, denn wie wäre es sonst möglich, daß Menschen lebend und gesund geboren würden. Wäre diese Stellung gefährlich, so würde die zarte, breiartige Substanz des Gehirns im Ungebornen und Neugebornen doch wohl am meisten leiden, aber wie soll denn der Schaden einer nur kurz dauernden Stellung jener Art im Erwachsnen begründet und bewiesen werden? Die eben gedachten Uebungen werden überdies immer unter Aufsicht vorgenommen, sie machen nicht den Anfang der Turnschule aus, sondern sie setzen eine durch frühere Uebungen schon erworbene Kraft voraus. Hat man sie nicht übrigens schon in so vielen Spielen des jugendlichen Alters ohne weitern Tadel durchgehen lassen, z. B. bei dem Radschlagen, Koboltschießen rc. rc.? Sie war lange in Uebung, ehe man an regelmäßiges Turnen dachte. Man kann sie dann nur für zwecklos und für nichtssagende Spielerei erkennen, wenn man sie nicht genau untersucht und in ihren Einzelnheiten zergliedert, denn wenn man dies aufmerksam verfolgt, so sieht man bald, wie Muskeln des Ober- und Unterschenkels und des Kreutzes dadurch geübt und stark werden und wie vorzüglich auch die Muskeln der obern Theile, wenn der Schwung in die Höhe darauf folgt, kräftig gestärkt werden. Das ist ja aber eben der Zweck der mannigfaltigen Turnübungen, daß nicht blos einzelne Theile des Körpers auf Unkosten der übrigen, sondern alle einzelne Glieder gradweise auf verschiedene Art geübt werden sollen.

Hiebei lassen es aber die Gegner des Turnens nicht bewenden, nein, sie haben noch ein ganzes Heer von Krankheiten im Hinterhalt, die ihrer Meinung das Wort reden sollen. Der Nichtunterrichtete muß bei Aufzählung so mannigfaltiger Leiden allerdings erschrecken, aber was werden jene Wortführer sagen, wenn man, um nach ihrer Art zu beweisen, das Heer dieser Uebel noch unendlich vermehren kann, und wenn man die noch fehlenden Krankheiten, welche sich nach solchen beschränkten Ansichten auch noch ganz schulgerecht auffinden lassen, hinzufügen will? Zu jedem Uebel, was sie vom Turnen herleiten, lassen sich in dieser Art noch eben so viel andre Ursachen aufzählen, und zwar solche Ursachen, denen auch sie täglich ausgesetzt sind.

In den neuern Zeiten haben die Krankheiten des Herzens die Aufmerksamkeit der Aerzte vorzüglich erregt und so haben denn die Feinde des Turnens hier ein reichhaltiges Feld zu entdecken geglaubt, um ihren mit Sturm und Drang zu verfechtenden Ansichten eine Haltbarkeit zu geben. Wenn sie sich dabei auf die Meisterwerke von Corvisart, Kreyßig und Testa anlehnend stützen, so verrathen sie wenigstens keinen Scharfsinn, da jene trefflichen Männer ihre Resultate nicht als Wirkungen des Turnens können aufgefunden haben, da in Paris, Dresden ꝛc. Anstalten dieser Art nicht vorhanden sind. Diese Männer können ihnen daher für ihre Ansicht wenig Gewähr leisten und sie thun Unrecht, gehaltvolle Geistesarbeiten einer ihnen fremden Wissenschaft für leere Modeartikel, die einmal an der Tagesordnung sind, zu halten. Jene Werke kann überhaupt kein Nichtarzt studiren und gründlich verstehn, es ist lächerlich, das, was

Rezensionen und Litteraturzeitungen davon zur gemeinsamen Kunde bringen, als eignes Wissen behaupten und demnächst bestimmte Sätze bilden zu wollen. Nur in den seltensten Fällen rühren jene Krankheiten des Herzens von einem Schlag oder Fall auf Rücken und Brust her, die Art des Entstehens erscheint hier zwar handgreiflich, allein wenn dies der Fall wäre, so kämen sie gewiß noch weit häufiger vor. Von diesen letztern Ursachen eine Großherzigkeit herleiten zu wollen, wie wohl geschieht, ist in der Wissenschaft nicht gegründet und ist nur als verfehltes Jagen nach Witz anzusehn. Jene Krankheiten des Herzens entstehn von ganz andern Ursachen, von zurückgetretener Gicht, gänzlich unterdrückter Ausdünstung, schnell geheilten Ausschlägen, Leberkrankheiten ꝛc. Vorzüglich entstehn sie, wenn mit heftigen Bewegungen gleichzeitig große moralische Einwirkungen statt finden; ein verdienter Arzt hier in Berlin hörte, daß sein Vater, der in einer entfernten Gegend der Stadt wohnte, dem Tode nahe wäre und von der heftigsten Angst ergriffen, lief er schleunigst hin und von diesem Moment an entwickelte sich die Krankheit, die sein Leben endigte, nachdem sie von dort an ununterbrochen fortgedauert hatte. Dergleichen Fälle sind aufmerksamen Aerzten gewiß nicht unbekannt und haben einen ganz andern Zusammenhang, als hier auseinander zu setzen für nöthig erachtet werden kann, wenn umgekehrt wir so häufig sehn, daß die größten mechanischen Gewalten, welche auf die Brust wirkten, mit jenen Uebeln nichts gemein hatten.

Nicht viel mehr Aufmerksamkeit verdienen die Gehirnerschütterungen, welche durch starke Sprünge, Fallen auf dem Rücken, Stürzen auf den Kopf ꝛc.

entstehn sollen. Man übersieht hier, wie leicht ein jugendlicher Körper fällt im Vergleich mit dem unbehülflichen Fallen eines Erwachsnen. Sind denn aber dergleichen Vorfälle im menschlichen Leben überhaupt zu vermeiden? Nach dieser Voraussetzung dürfte nie einer ja ein Pferd besteigen, ohne Zittern dürfte es wenigstens nicht abgehn, da hier trotz aller Vorsicht, Uebung und ausgebildeter Reitkunst doch noch Unfälle statt finden, die mit denen des Turnplatzes auch nicht auf die entfernteste Art zu vergleichen sind. Hier entscheidet übrigens auch wieder die Erfahrung am sichersten, und die sagt uns, daß die Unglücksfälle, die auf dem Turnplatz selbst, nicht etwa außerhalb ohne Aufsicht bei turnunkundiger Jugend sich zugetragen haben, in Hinsicht der Zahl so unbedeutend sind, daß jede Schule im Verlauf eines Jahrs beinahe mehrere zählt, als hier in der ganzen Zeit statt gefunden haben, ja fallen diese nicht selbst bei Erwachsnen oft genug vor? Soll niemand die Eisbahn im Schlittschuhlauf betreten, weil mancher und beinah ein jeder hier gefallen ist? In der Erziehungsanstalt des Herrn Plamann allhier, wo täglich jene Uebungen in derselben Ausdehnung und mit derselben Ordnung statt finden, ist auch nicht ein Unglück vorgefallen. In dem eben abgelaufenen Frühjahr erkrankten zwar mehrere Zöglinge dieser Anstalt und eine geschäftige Zungendrescherei war nicht müßig, hier die Ursache im Turnen zu finden, obschon die Schlußfolge, daß es morgen regnen wird, weil heute der Stock im Winkel steht, kaum noch in den Spinnstuben alter Frauen einen Werth hat. Dieselbe Krankheit, die ich in jener Anstalt sah, fand ich aber gleichzeitig bei jungen Leuten im Entwicklungsalter, die nie turnten, und selbst bei jungen Mädchen. Hat man sich aber einmal den Vorurtheilen überlassen und ergeben, so kann man mit offnen Augen blind seyn.

Nicht immer fürchten freilich jene Wächter des Heils den Tod, sondern zitternd und bebend weissagen sie den Eltern, die des Glaubens theilhaftig werden können, eine dauernde Geistesschwäche ihrer Kinder. Dies ist empörend, denn woher die Gründe einer so zermalmenden Weissagung? Hier geht die Leidenschaft des Widerspruchs, die Sucht eine vorgefaßte Meinung mit dem Schein des Rechts vertheidigen zu wollen, weit über ihre Schranken. Ja diese Geistesschwäche im Knabenalter erworben ist unbestrittne Thatsache, aber nicht in der frohen Thätigkeit des Lebens, nicht in der freien angemessenen Bewegung des jugendlichen Alters hat sie ihren verderblichen Ursprung, sondern in dem faulen Müssiggang, in der engherzigen Absonderung von muntern, kraftvollen Gespielen, in der engen Schulstube, in dem verwilderten Leben, wo jede unedle Leidenschaft genährt, jede brutale Genußgier entwickelt wird, da nur bilden sich die Laster, die Geist und Herz und Körper erlahmen, durch Nichtswürdigkeit den Keim des Lebens ertödten, und wo das dämmernde Hinbrüten, das schleichende Verwelken des jugendlichen Lebens die ekelhaften Ausbildungen und Zwerggeburten verkehrter Erziehung darstellen. Gerade bei dem Turnen in der vollsten und edlen Bedeutung muß das Bollwerk gesucht werden, das dem Dämon, der schon in der Jugend dem künftigen, vollen Leben den Grabesgesang in öder Ferne verkündet, den Eingang verschließt. Es giebt Gegenstände, die man nur andeuten darf, deren Widrigkeit jeden Unverdorbnen anekelt, und die daher nicht auseinander gebreitet werden müssen.

Ferner wird die Entstehung der Brüche von dem Turnen hergeleitet. Diese Uebel sind leider nicht selten, vorzüglich bei weichlich erzogenen Kindern, wo erschlaffte Faser eine größere Nachgiebigkeit derselben veranlaßt, wenn eine äußere Gewalt nachtheilig auf dieselben einwirkt. Ein großer Sprung ist daher oft die Ursache dieses Uebels, eben so wie es eintritt, wenn bei dem Reiten im vollen Galopp das Pferd auf den Fleck angehalten wird, so wie überhaupt manche Vorfälle im gemeinen Leben darauf hinwirken können. Auch hier kann nur eine kräftige Abhärtung des Körpers vorbeugen, die Anlage zu jenen Krankheiten wird dadurch vermindert, Unthätigkeit befördert jene Schwäche, und dann werden die Gelegenheitsursachen weniger leicht schädlich seyn. Stärke und Gelenkigkeit der Glieder ist hier sehr wichtig, wie oft springt die muntre Jugend vom Baum herab, die hohe Treppe herunter, ohne die gute Haltung und die nöthige Geschicklichkeit bei solchen Versuchen zu haben. Der Turner lernt dagegen Fuß an Fuß, Knie an Knie, Leib gerade, Bauch ein, Brust heraus, Hände an, Mund zu rc. halten, wenn der Ungeübte mit von einander gespreizten Füßen unkundig und leichtsinnig der Gefahr der Verletzung sich aussetzt. Auf dem Turnplatz wird auch nicht der Ungeübte gleich bei jenen größern Anstrengungen zugelassen, es geht die Vorschule der Springübungen, das Hokken, das Anschlagen der Ferse an das Gesäß und mehr dergleichen vorher, wodurch Festigkeit und Beweglichkeit der Gelenke erworben wird. Man tadelt das Wettlaufen wegen der damit verknüpften Anstrengung, man rügt das Niederfallen auf die Knie als unnütze Uebung, allein diese Bewegungen sind nach dem Vorhergesagten so nachtheilig nicht, als es scheint, sie kommen auch außer dem Turnplatz vor, und endlich kann sie der Soldat doch nie entbehren, und wer in seiner Jugend nie daran gewöhnt war, läuft dann nur Gefahr, in der künftigen, ehrenvoll geöffneten militairischen Laufbahn das Opfer engherziger Verzärtelung zu werden.

Strafbar und verderblich wird die Uebung gescholten, wo man sich durch gegenseitige Kräfte der Hals- und Rückenwirbel, ohne dabei die Arme zu gebrauchen, fortzieht. Weder das Strafbare, noch das Verderbliche will mir einleuchten, oder der ärztliche Grundsatz, daß alle einzelnen Theile des Körpers durch Uebung erst ihre vollkommene Stärke erhalten, müßte falsch seyn, welches letztere ich aber niemandem auf sein Wort glauben kann, denn die große Menge von Muskeln im menschlichen Körper sind zu bestimmten Zwecken und Verrichtungen vorhanden, da ist nichts umsonst und nichts zufällig. Jene Uebung ist daher wichtig für Stärke der Muskeln des Halses, des Nackens und des Rückens, der ganze Körper erhält dadurch vorzüglich die richtige und feste Haltung; vorzüglich ist dies dem künftigen Krieger wichtig, der die genannten Theile bei dem Tragen seines Gepäcks und seiner Waffen vorzüglich stark braucht, denn er soll ja nicht bloß tragen, sondern soll mit solchem Gewicht belastet sich zugleich fertig, schnell und kräftig bewegen, gerade diese Möglichkeit einer ausdauernden Kraft macht ihn schlagfertig, macht den rüstigen, wehrhaften Krieger, der körperliche Beschwerden ertragen kann, und daß er dazu geschickt werde, sollte doch wohl der Wunsch jedes redlichen Staatsbürgers seyn.

Krieger und wehrhaft zu seyn war dem alten Deutschen das erste, daher ihre Stärke und Riesenkörper, welche Roms Legionen vertilgte, und wo übrig gebliebene Rüstungen uns nur noch eine andere untergegangene Menschengattung, als wir kennen, andeuten. Diese Mannhaftigkeit ist aber wieder das Bedürfniß geworden, sie ist in allen Verhältnissen des Lebens viel werth, aber vorzüglich dem künftigen Krieger, und dieser Stand ist doch der erste Eintritt des Jünglings im Leben des Staats, er wird dadurch mündig in dem edelsten Sinn, und diese Selbstständigkeit verträgt sich nicht mit dem verzärtelten, kindischen Wesen, das man so gern als manierlich und artig und nachahmungswerth aufstellen will. Der schwache Knabe soll im Turnen seines Körpers Kraft und Stärke erwerben, um dann seines Geistes Würde gewinnen zu können. Der schwache kann natürlich nicht die größern Uebungen bestehn, und deshalb ist Aufsicht und gesellschaftliches Turnen nothwendig, daß er nicht unnütz wagt, aber auch der schwächste wird durch langsamer folgende Uebungen sich stärken. Dies habe ich von mehrern Eltern, das Ganze billigend und rühmend, gehört, ja ich fand welche, die nicht nur frühere Kränklichkeit ihrer Kinder hatten aufhören sehn, sondern selbst einen früher vorhandnen Bruch dadurch geheilt wissen wollten, eine Ansicht, die ich in der Ausdehnung nicht theilen möchte, wenn gleich mit größerer erlangten Stärke des Körpers auch dergleichen Mißbildungen wieder abnehmen können. Erfahrung zeigt uns, wie nur Bewegung und Anstrengung den Gliedern Stärke, Schnellkraft und Behendigkeit giebt, es ist uns einmal aufgegeben, im Schweiß unsers Angesichts unser Brod zu genießen und nur in der Lösung dieser

Aufgabe dürfen wir die Freuden der Welt genießen. Vorzüglich wichtig wird dies Bedürfniß dem Krieger, der stark und abgehärtet seyn muß, wenn er seine Pflicht erfüllen und nicht bloß im Hospital ein sieches Leben vollbringen soll. Menschen werden gezählt, aber Männer werden gewogen, und diese nur bedarf König und Vaterland.

Eben so wenig Nachtheiliges habe ich im Turnsaal bei den Uebungen im Schwingen und Fechten wahrnehmen können. Diese erfodern schon einen geübtern Körper, und zu den Schwingübungen werden nur solche zugelassen, die schon einen gewissen Grad von Fertigkeit darthun können; demohnerachtet ist aber auch hier noch wieder eine genaue Vorschule, und die Aufsicht kann hier der geringern Zahl wegen noch strenger seyn, wenn sie ja noch nöthig wäre, da hier schon mehr die Erwachsenen sich üben, und diese schon ernster und lebendiger im wahren Geist des Turnens erzogen sind. Die Fechtübungen werden keinen Anstoß finden, oder es müßte denen, die nie einen Laut für Beifall habend nur in ihrer Art zu sehn sich glücklich und weise fühlen, angenehm seyn, daß hier die Fechtkunst nicht als Kunst für den Zweikampf angesehn und gehandhabt wird; um konsequent zu leben, rathe ich ihnen hier eine Rüge an, denn auch dieses Hinwegsehn vom Duell kann ich nur lobend anerkennen.

In der schon erwähnten Lehranstalt des Herrn Plamann, wo Lehrer, Lehrersinn und Lokalität gleich günstig sind, ist das Turnen täglich mit dem übrigen Unterricht und Erziehung in bestimmter Zeit verbunden; seit dieser Zeit behauptet der verdiente Vorsteher der Anstalt, bei seinen Zöglingen größern Fleiß und regere Aufmerksamkeit wahrgenommen zu haben. Es ist wohl nicht zu leugnen, daß wenn Turnen und Lehren mit einander verbunden sind, der Vortheil größer ist. In unsern gewöhnlichen Schulen besorgt der Lehrer den Unterricht und die Erziehung soll zu Hause geschehn. Hier geschieht oft gar nichts, oft alles querfeldein, oder holter polter, herüber hinüber. Da muß allerdings die Turnanstalt, die isolirt dasteht, an dem allgemeinen Gebrechen leiden. Man will die Turner roh bemerkt haben, aber man sehe die Zeugnisse derjenigen Gymnasiasten nach, die zur Universität übergingen, ob nicht viele von denen, die das vorzüglichste Lob erhielten, Vorturner und Turner waren. Sagt nicht Göttling (im Programm von Voß 1817) in Rudolstadt, daß die besten Schüler, welche sich dort durch Fleiß und Sitte auszeichneten, auch die besten Turner waren? Kann es auch anders seyn, wenn wirklich männliche Erziehung gefördert wird? Ich führe dies an, weil so oft dem Turnen nachgesagt wird, daß dasselbe die jungen Leute unfolgsamer machte. Strenger Gehorsam und Disciplin des Turnplatzes sollte sich wohl in die übrigen Lebensverhältnisse der Jugend weiter verbreiten. Geschieht dies nicht, so entsteht immer zuerst die Frage, ob diese auch wirklich gesetzmäßig und vorschriftsmäßig turnen oder bloß im Turnkleide sich unnütz umhertreiben. Hier tritt immer der Fall ein, daß häusliche Erziehung auch ihrerseits redlich mitwirken müsse; es bleibt eine zu tadelnde Sorglosigkeit, wenn Eltern und Erzieher glauben, an den Turntagen jeder fortwirkenden Sorgfalt überhoben zu seyn.

Hat wirklich Widersetzlichkeit und Ungehorsam gegen Eltern und Lehrer einen höhern Grad erreicht, so darf man eine noch näher liegende Ursache dieser Untugend aber auch nicht übersehn. Die jungen Leute hören zu oft die Unterhaltungen der Erwachsenen mit an, sie leiden von der Sitte der Zeit über alles keck und dreist absprechen zu hören, sie vernehmen ein Rothwälschen über Verfassung, Repräsentativsystem, über Steuereinrichtungen ꝛc., sie sehn, wie alles streng gerichtet und jedes Gesetz auf die Goldwaage gelegt wird, und zwar recht oft von Unberufnen, und das verleitet sie nun, vielleicht mit demselben Recht und unzeitigem Eifer, Beschränkungen und Verbote, die ihnen auferlegt werden, auch erst abzuwägen; sie sehn nur zu oft, wie Gesetz, Sitte, Zucht, Ordnung, Befehle der Vorgesetzten von ihren nächsten Umgebungen verunglimpft werden, und sie wollen nicht schlechter seyn, wie diese. Auch im häuslichen Zirkel wird der Arm der Nemesis fühlbar. Endlich aber muß man auch vom tüchtigen kräftigen Jüngling keine Affennatur fordern; die taugt freilich in manchem Haushalt, und der große Geist, welcher den Uebergang von Bettelei und Kriechen, zum Recensiren und Kritisiren gemacht hat, möchte freilich alles wie eine Hecke beschnitten haben, aber die deutsche Eiche steht kräftig und störrig da, deshalb hält sie den Sturm aus. Jeder steht an seinem Platz, aber der Hausvater eines Waisenhauses wird nur Heloten, nicht Sparter erziehn, wenn seine beschränkten Ansichten das Musterbild seyn sollten.

Gewichtig aber ist der große Vorwurf, daß das Turnen die Jugend so unmanierlich machte, und hier entladen sich alle Pfeile der Gegner. Sonst hörte ich, ehe man etwas vom Turnen wußte, deshalb die öffentlichen Schulanstalten anklagen, und man hatte ein probates Hausmittel, den Tanzmeister; dieser sollte das aufgehobene Gleichgewicht wieder herstellen. Viele behaupteten zwar sonst auch schon, daß in diesem Jugendalter etwas eigenthümliches sich entwickelte, und deshalb hatte man ja auch die karakteristische, nur etwas hart klingende Benennung der Flegeljahre, indessen hat je wohl einer dieses Wort mit Unglimpf ausgesprochen, es ertönte immer nur mit einer gewissen Gemüthlichkeit. Jenes, ich weiß nicht was, kann auch nicht gut vom Turnen herrühren; denn sonst würde mancher erwachsene Gegner des Turnens sich nicht füglich von dem Verdacht reinigen können, ein geheimer Turner zu seyn. Was sind aber endlich jene Manieren, die man für das Wesentliche im und am Menschen hält, es ist ein Gewebe von französischer Seide mit englischem Einschlag, platte Höflichkeit, die alles billigt, nie Widerspruch kennt, sich um alles kümmert und doch nicht Theil nimmt, die fragt ohne die Antwort zu hören, die lachen kann, ohne Ursache zu haben. Das fordert man schon in der Jugend als Hauptstück, und giebt es wohl einen widrigern Anblick, als wenn der, der noch Knabe seyn sollte, schon zierlich geschniegelt und gebügelt am andern Morgen des Balls den Frauenzimmern sein winziges Figürchen vorzeigt und mit Paviangrazie sich nach dem Befinden erkundigt? Es giebt nur eine Manier, die man von Jedem erwarten kann und die etwas werth ist, eine Höflichkeit, die Achtung gegen Andere darthut, und Wohlanständigkeit, welche von der Achtung eines Menschen gegen sich selber zeugt. Das sind Manieren, die der Jugend noch nicht einheimisch seyn können, und das Andre ist ihnen füglich zu erlassen, denn selbst unter Erwachsenen ist die Höflichkeit unsrer geselligen Zirkel doch etwas nichtssagendes, denn jeder nimmt es für schlechtes Papiergeld an, dessen Nominalwerth längst schon verrufen ist. Die Kunst zu gefallen durch Anstand und Ausdruck in der guten Gesellschaft wird erst im Leben gebildet und geht selbst da wieder verloren, oder wird auch da eben so schief wieder beurtheilt. Man hört so oft an hohen Staatsbeamten den feierlichen Ernst, die umwölkte Miene tadeln, auch von ihnen verlangt man, aufmerksam auf Ansprüche des geselligen Umgangs zu seyn, für jeden ein Wort, einen Blick, ein Zeichen der Achtung in Bereitschaft zu haben. Der Mann der großen Welt lebt zwar in Umgebungen, deren Meinung ihm weniger gleichgültig seyn darf, er ist gewöhnt, auf die Forderungen jedes Augenblicks zu merken, aber ist ein solcher Mann Minister und steht den Staatsangelegenheiten auch wirklich selbst vor, so wird der Geist zu sehr an wichtige Gegenstände gefesselt, als daß die kleinen Aufmerksamkeiten des Umgangs Werth finden könnten; dann aber spricht man auch hier von fehlenden Manieren, als von etwas Wichtigem. Der gelehrte Stand spielt ebenfalls hier eine eigne Rolle. Als der berühmte Saumaise der Königinn Christine von Schweden vorgestellt war, sagte sie von ihm, er könne den Stuhl in allen Sprachen der Welt nennen, ohne sich auf einen setzen zu können. Hätte er geturnt gehabt, so würde er sich auch zu setzen gewußt haben. Die enge Studierstube und die eingeschlossene Luft erschweren dem Gelehrten oft seinen Wirkungskreis, und schon Unzer schlug ihnen kräftige Maaßregeln vor, um in ihrem Aeussern und im Schmutz ihres Wesens nicht zu viel Aehnlichkeit mit der Meerkatze zu haben.

Es ist Kränklichkeit bei Vielen, daß ihnen alles verderblich zu seyn scheint, was vom Land ihrer Väter abweicht, und wer wird diese nicht schonen?

Andre giebt es dagegen, die nur sich auf irgend eine Weise bemerkbar machen wollen, und so wetteifern sie denn in abentheuerlicher Dreistigkeit alles zu meistern; wenn sie erst so ein leises Gewimmer ausgestoßen haben, um zu sehn, wie es aufgenommen werden möchte, so folgt denn ein dumpfes Getöse, bis dann lautes Schreyen ihr Daseyn verkündet. Hilft alles dieses noch nicht hinreichend, dann bleibt noch das große Mittel, etwas Geheimes in der größten Oeffentlichkeit zu suchen. So hat man schon in den Turnanstalten geheime Pläne wittern wollen, als wenn der Sündenpfuhl der Seine im deutschen Lande ausgegraben werden sollte. Wir haben und können von den Franzosen in Wissenschaft und Kunst noch so viel lernen, warum wollen wir ihnen die Frohne ihrer Polizey nicht lassen? In Deutschland konnte wohl nichts gehässiger, verächtlicher und lächerlicher seyn, als diese Nachahmung.

Die Turnübungen sind daher nicht das der Erziehung schädliche, sondern das Nothwendige. Vermögende Eltern werden für ihre Kinder den Zweck, sie körperlich abzuhärten, stark und gewandt zu machen, auch anders wie auf dem Turnplatz erreichen können, allein hier ist der Unterschied der öffentlichen Erziehung und der häuslichen Unterrichtsanstalt, möge der jüngere Knabe erst im beschränktern Kreise sich bilden, um im größern auftreten zu können. Einmal muß er diesen doch betreten, und da wird es ihm werth seyn, im gemeinsamen Sinn zu leben und noch einen andern Werth kennen zu lernen, als den, geboren zu seyn.

Gerade dieses öffentliche Leben soll auch für die Zukunft hier schon einen Platz gewinnen, und die

Kraft erworben werden, selbstständig zu stehn und zu gehn, nicht durch Konnexionen und allerhand Teufels-Künste gehoben und gehalten zu werden, um nicht zu fallen. Man erwarte nur nicht alles vom Turnplatz, die Eltern und Erzieher müssen nach allen Kräften mitwirken, ihr Beyspiel, ihr eignes Leben wirke auf Geist und Herz mit, sie müssen den öffentlichen Uebungen ihre Aufmerksamkeit und ihre Liebe mit Vertrauen schenken, auch die, die nicht durch Kinder eine nähere Aufforderung haben, den Platz zu besuchen, haben doch die Verpflichtung, der Volkserziehung Aufmerksamkeit zu widmen. Wenn Eltern ihre Kinder hier leiten und lenken, so wird Viel gewonnen und mancher Nachtheil verhütet werden können; derjenige, der den Körper nur allein bilden will, und vielleicht übermäßig anstrengt, wird am sichersten von seinen Eltern in den gehörigen Schranken gehalten werden können, nur darf ängstliche Besorgniß nicht mit kluger Fürsorge verwechselt werden. Wenn der Vater die schöne und auch die heilige Pflicht hat, den Unterricht seiner Söhne zu ordnen und sie zu nützlichen Bürgern zu erziehen, so verbinde er mit dieser zugleich sein Beispiel, sie in der Bürgertugend, in Volkssitte und Sittlichkeit freudig gedeihen zu sehn. Wissenschaft sichert das Glück des Einzelnen an sich und des Ganzen nicht immer, das Glück ist nur in den Sitten allein gegründet, Sitten, die in der Genügsamkeit, im Fleiß, im häuslichen Wandel, in Eintracht und Achtung, im Gehorsam gegen König und Gesetz, im Gefühl der Würde des Menschen bestehn. Nur in der höchsten Tugend, im Erbtheil der Unverdorbenheit, ist wahre Freiheit zu finden. Mißtrauen in Andere, Wandelbarkeit und Eitelkeit untergraben das Glück, was durch sinnliche und eigennützige Triebfedern weder der Mensch, noch die Menschen erreichen können. Dahin sey also das Streben des Bessern im Volke gerichtet, darauf wirke die Volkserziehung durch That, Lehre und Beispiel hin, und das Turnen sey der Vorläufer, um das Ziel zu erreichen. Das Gelingen wird auch die Gegner entwaffnen und mit dem Ganzen versöhnen, noch mehr werden sie aufgefordert, da nicht leidenschaftliche Ansichten zu zeigen, wo die höchste Staatsbehörde als schützender Genius leuchtend dasteht und deutlich bekundet hat, daß Kraftentwicklung und nicht lethargischer Schlummer das wahre und einzige Volksthum bildet. Wenn eine neue Einrichtung und ein Kopf zusammenstoßen und es klingt hohl, so ist nicht immer jene die Ursache. Viel Lärmen von sich machen und in geheuchelter Demuth äußerlich einhergehen, wird doch gar bald in ganzer Blöße erkannt, es ist der Guckguck, der sich nur hören will; das sind die Lückenbüßer im Leben, eignes Handeln kennen sie nicht, sie treiben zwar viel, aber sie schaffen nichts und verderben nur; es sind Geiger und Pfeifer und Mährchenerzähler, in langweiligen Windstillen hört man sie und duldet sie am Bord, aber dann, wenn es gilt, müssen sie fort vom Verdeck, denn ihr Lärmen fördert die Fahrt nicht; sie kennen nur sich und das, was sie zunächst betrifft. Nur im Gemeinsinn für das Gute und Beste ist das Vollbringen, und daß jener nicht fehlt, davon sprechen Zeit und That, daß er lebe und kräftig fortan gedeihe, dafür möge der Schutzgeist des Vaterlandes Bürge seyn.

Am 30sten August 1817.

FSC
www.fsc.org
MIX
Papier | Fördert
gute Waldnutzung
FSC® C083411

Kolibri 360 GmbH
Ferdinand-Jühlke-Straße 7
99095 Erfurt, Deutschland
produktsicherheit@kolibri360.de